Erhard Zauner

Neue Zehn Gebote
– Zehn Achtsamkeiten –
für die Zeit von und nach Corona

Erhard Zauner

Neue
Zehn Gebote
– Zehn Achtsamkeiten –
für die Zeit
von und nach Corona

Ein Entwurf für neue, allgemein gültige Gebote,
die allen Menschen unabhängig von ihrer Religion
oder ihrem Glauben als ethische Richtschnur
ihres Handelns dienen können

Bibliografische Information der Deutschen Nationalbibliothek:
Die Deutsche Nationalbibliothek verzeichnet diese Publikation
in der Deutschen Nationalbibliografie; detaillierte bibliografische
Daten sind im Internet über dnb.dnb.de abrufbar.

Fotos: „Erhard Zauner" by z-foto, © 2018
      Cover: Insel Rab by Erhard Zauner, © 2011

Sie erreichen den Autor unter: info@gwgwien.at

Herstellung und Verlag: BoD – Books on Demand, Norderstedt

ISBN: 978-3-75-433061-6

Ich danke allen Menschen,
die dazu beigetragen haben,
dass dieses Buch erscheinen konnte.

Ich widme dieses Buch allen Menschen,
die sich nicht vorschreiben lassen wollen,
was sie glauben sollen.

Inhalt

Einleitung

Seit 50 Jahren beschäftige ich mich mit religionsgeschichtlichen, religionsphilosophischen und erziehungswissenschaftlichen Fragen besonders aus dem jüdisch-christlichen Bereich. Von Geburt an ohne religiöses Bekenntnis und ohne dogmatische Prägungen aufgewachsen, ist es für mich wesentlich leichter völlig neutral und offen an jene Fragen heran zu gehen, die im Grenzbereich von Religion, Philosophie und Geschichte liegen. Im Zuge meiner Studien zur Bibel analysierte ich selbstverständlich auch die Zehn Gebote, und stieß dabei auf etliche Ungereimtheiten. Bei näherer Betrachtung zeigte sich, dass die klassischen Zehn Gebote der Bibel nicht den Anforderungen entsprechen, die man an eine universelle Ethik stellt. Sie sind absolut sexistisch, fremdenfeindlich, unausgewogen, und nicht von der allumfassenden „göttlichen Liebe" geprägt, die immer von kirchlicher Seite betont wird.

Andererseits hat das biblische Gebot der Nächstenliebe keinen Platz unter den zehn (wichtigsten) Geboten gefunden, weder in der ersten noch in der zweiten Fassung. Außerdem ist die Nächstenliebe keine Erfindung von Jesus oder des Christentums, denn diese ist bereits im AT verankert. *(Lev 19,18) Du sollst deinen Nächsten lieben wie dich selbst.* Dieses Gebot der Nächstenliebe wird allerdings mehrmals im NT in verschiedenen Zusammenhängen zitiert. Besonders auffällig ist allerdings die Stelle, wo Jesus die Nächstenliebe zur Feindesliebe erweitert. Dabei stellt er die Nächstenliebe als etwas eigentlich sehr Banales dar, da es, seiner Meinung nach, nichts Lohnenswertes sei, wenn man die liebt, die einen auch lieben. Dabei wird aber eine, meines Erachtens, unzulässige Einschränkung bzw. Verkürzung gemacht. Bei der ursprünglichen Aussage *„Du sollst deinen Nächs-*

ten lieben wie dich selbst" wird nämlich kein Unterschied gemacht, ob der Nächste einen auch liebt oder nicht, ob er Freund ist oder Feind. Das Gebot der Nächstenliebe im AT schließt meines Erachtens die Feindesliebe bereits mit ein, während Jesus es unnötig nur auf „liebe Nächste" reduziert. *(Mat 5,43) Ihr habt gehört, daß gesagt worden ist: Du sollst deinen Nächsten lieben und deinen Feind hassen. (44) Ich aber sage euch: Liebt eure Feinde und betet für die, die euch verfolgen, (45) damit ihr Söhne eures Vaters im Himmel werdet; denn er läßt seine Sonne aufgehen über Bösen und Guten, und er läßt regnen über Gerechte und Ungerechte. (46) Wenn ihr nämlich nur die liebt, die euch lieben, welchen Lohn könnt ihr dafür erwarten? Tun das nicht auch die Zöllner?*

Das absolut erste Gebot, das in der Bibel erwähnt wird ist *(Gen 1,28) Seid fruchtbar, und mehret euch, bevölkert die Erde, unterwerft sie euch, und herrscht (...) über alle Tiere,* ist auch nicht Teil der Zehn Gebote. Allerdings wurde der zweite Teil, das Unterwerfen und Herrschen, teilweise sehr exzessiv praktiziert, was einerseits zur Ausbeutung der Erde und andererseits zur inhumanen industriellen Tierproduktion geführt hat, da Tiere einfach nur als „Sache" gesehen werden, über die man herrscht.

Basierend auf dieser Erkenntnis, dass die biblischen Zehn Gebote mangelhaft seien, entstand dann die Idee, eine neue, umfassende und ausgewogene Version von Zehn Geboten zu entwerfen für alle Menschen aller Glaubensrichtungen, aber auch den konfessionsfreien und sogenannten Ungläubigen.

Daher schien es mir sinnvoll und wichtig, eine zeitgemäße und universell gültige Version von Zehn Geboten zu finden, die sowohl von Menschen verschiedener Religionen als auch von Agnostikern angenommen werden kann. Damit kein falscher Eindruck entsteht, ich will mich keineswegs mit Gott messen, falls es überhaupt einen gibt, schon gar nicht mit dem rachsüchtigen

Jahwe, dem Gott der Bibel, der sich selbst nur zuständig für die Nachkommen Jakobs betrachtet. Dies sind menschliche Gebote zur freien Verfügung, bei Nichteinhaltung gibt es keine Strafen, weder angedrohte noch exekutierte. Niemand muss seinen Glauben verlassen, noch muss er einer neuen Glaubensgemeinschaft beitreten, denn bei meinen Zehn Geboten – Zehn Achtsamkeiten – gibt es kein Bekenntnis, keine Religion, keinen Kirchenbeitrag und keine Dogmen. Ursprünglich plante ich, den Titel dieses Buches „Die neuen Zehn Gebote – Zehn Achtsamkeiten – für das 21. Jahrhundert" zu nennen. Das Auftreten der Corona Pandemie – über deren medizinischer Notwendigkeit oder wirtschaftlicher und politischer Motivation ich mich hier nicht weiter äußern möchte – stellt für viele Menschen einen dramatischen Einschlag in ihrem Leben dar. Dies führt dazu, dass viele Vieles hinterfragen oder eine neue Orientierung suchen. Daher habe ich jetzt das Buch mit dem Zusatz „für die Zeit von und nach Corona" versehen.

Ich habe meine Gebote weder als exklusive Aufforderung „Du sollst...", noch als Verbot „Du sollst nicht..." formuliert, denn das Zusammenleben der Menschen in der Gesellschaft ist wesentlich differenzierter, als dass man es in „gute und böse" Taten trennen, noch mit „Geboten und Verboten" regeln könnte. Meine Gebote sind Aufforderungen an jeden einzelnen, auf die Auswirkungen dessen zu achten, was er tut. Deshalb möchte ich sie auch lieber „Achtsamkeiten" nennen. Ich habe sie aber trotzdem im Buchtitel als „Zehn Gebote" bezeichnet, damit man dieses Buch gleich auf den ersten Blick dem entsprechenden Themenkreis ein- und zuordnen kann.

Ich habe die neuen Gebote ganz bewusst sehr kurz und knapp formuliert, damit sie leicht zu merken sind, und so weit wie nur irgend möglich angewandt werden können. Ich füge den einzelnen Geboten noch exemplarische Erklärungen an, um meine Gedanken, die zu der jeweiligen Formulierung geführt haben, kennen zu lernen, und besser zu verstehen, was alles damit gemeint ist. Diese sind aber keineswegs erschöpfend, denn ich will sie nicht im Sinne eines philosophischen oder theologischen Systems bis ins feinste Detail ausarbeiten, definieren und schon gar nicht vorschreiben. Auch werde ich Analogien und Hinweise auf die klassischen biblischen Gebote geben, um zu zeigen, dass all jene Teile, die von zeitloser Gültigkeit sind, auch in meinen enthalten sind, wobei diese weit darüber hinaus gehen. Ebenso werde ich die meines Erachtens nicht notwendigen und unsinnigen Einschränkungen der biblischen Gebote aufzeigen. Die rein theologischen Gebote der Gottesverehrung und ritueller Handlungen fehlen bei mir komplett, da sie meines Erachtens keine Allgemeingültigkeit haben, sondern nur religions- bzw. bekenntnisspezifisch sind, und nur dazu dienen, die Gläubigen den Priestern unterzuordnen, damit diese sie beherrschen können und auf ihre Kosten (teils sehr feudal) leben können.

Schreibt man die neuen Zehn Gebote in einem Kreis im Uhrzeigersinn auf, so betreffen die ersten fünf Achtsamkeiten die Person selbst bzw. deren Innenwelt. Über einen selbst, die Gedanken, Gefühle und Worte geht es zu den Taten, die manifeste Auswirkungen auf die Umwelt haben. Damit kommen wir zu den zweiten fünf Achtsamkeiten, die die verschiedenen Formen und Stufen der Außenwelt betreffen, vom materiellen und geistigen Eigentum, über die Nächsten bzw. die Gemeinschaft, das Leben, die Umwelt bis zum gesamten Universum. Die Beurteilung, ob man es sich beseelt oder durchgeistigt vorstellt, sei jedem freigestellt. Gläubige Menschen würden es mit dem Wort „Gott" bezeichnen, was für mich durchaus verständlich aber nicht zwingend notwendig ist.

Betrachten wir die Auswirkungen des Minderbeachtens oder des Mehrbeachtens (ich will das Missachten einmal außen vor lassen) aller Gebote, so müssen wir feststellen, dass die Beachtung jedes einzelnen Gebotes alle anderen neun Gebote mehr oder weniger betrifft, sie alle haben somit einen inneren Zusammenhang. Ich will sogar so weit gehen, dass es gar nicht möglich ist, von diesen neuen Zehn Geboten neun wirklich einzuhalten bzw. zu beachten, und das zehnte, welches immer es auch sei, nicht zu beachten. Eine Missachtung auch nur eines Gebotes zieht zumindest auch eine Minderbeachtung der anderen neun nach sich, wenn dadurch nicht sogar einige oder alle zeitweilig ebenso missachtet werden. Eine Missachtung oder Minderbeachtung dieser Gebote ist keine Sünde und braucht daher auch keinem Pfarrer gebeichtet werden. Auch werden weder Krankheit, Tod noch ewige Verdammnis oder Höllenqualen angedroht. Finden wir im Alten Testament eine schier unendliche Liste von Geboten, deren Nichteinhaltung mit dem Tod des Sünders bestraft wird, so gibt es in der Katholischen Kirche zusätzlich noch die sieben Todsünden oder schweren Sünden, die den Verlust der göttlichen Gnade nach sich ziehen, den Ausschluss vom Reich Christi sowie den ewigen Tod in der Hölle.

Hochmut (Stolz, Eitelkeit, Übermut)

Geiz (Habgier, Habsucht)

Wollust (Ausschweifung, Genusssucht, Begehren, Unkeuschheit)

Zorn (Jähzorn, Wut, Rachsucht)

Völlerei (Gefräßigkeit, Maßlosigkeit, Unmäßigkeit, Selbstsucht)

Neid (Eifersucht, Missgunst)

Faulheit (Feigheit, Ignoranz, Überdruss, Trägheit des Herzens)

Wenn man die vielen Skandale betrachtet, die die Katholische Kirche derzeit erschüttern, zweifelt man, ob die Kirchenmänner überhaupt glauben, was sie predigen?

Neue Zehn Gebote
Zehn Achtsamkeiten

1. Achte auf dich

2. Achte auf deine Gedanken

3. Achte auf deine Gefühle

4. Achte auf deine Worte

5. Achte auf deine Taten

6. Achte das Eigentum

7. Achte die Gemeinschaft

8. Achte das Leben

9. Achte die Umwelt

10. Achte das Universum

Achte das Universum

Achte die Umwelt

Achte das Leben

Achte die Gemeinschaft

Achte das Eigentum

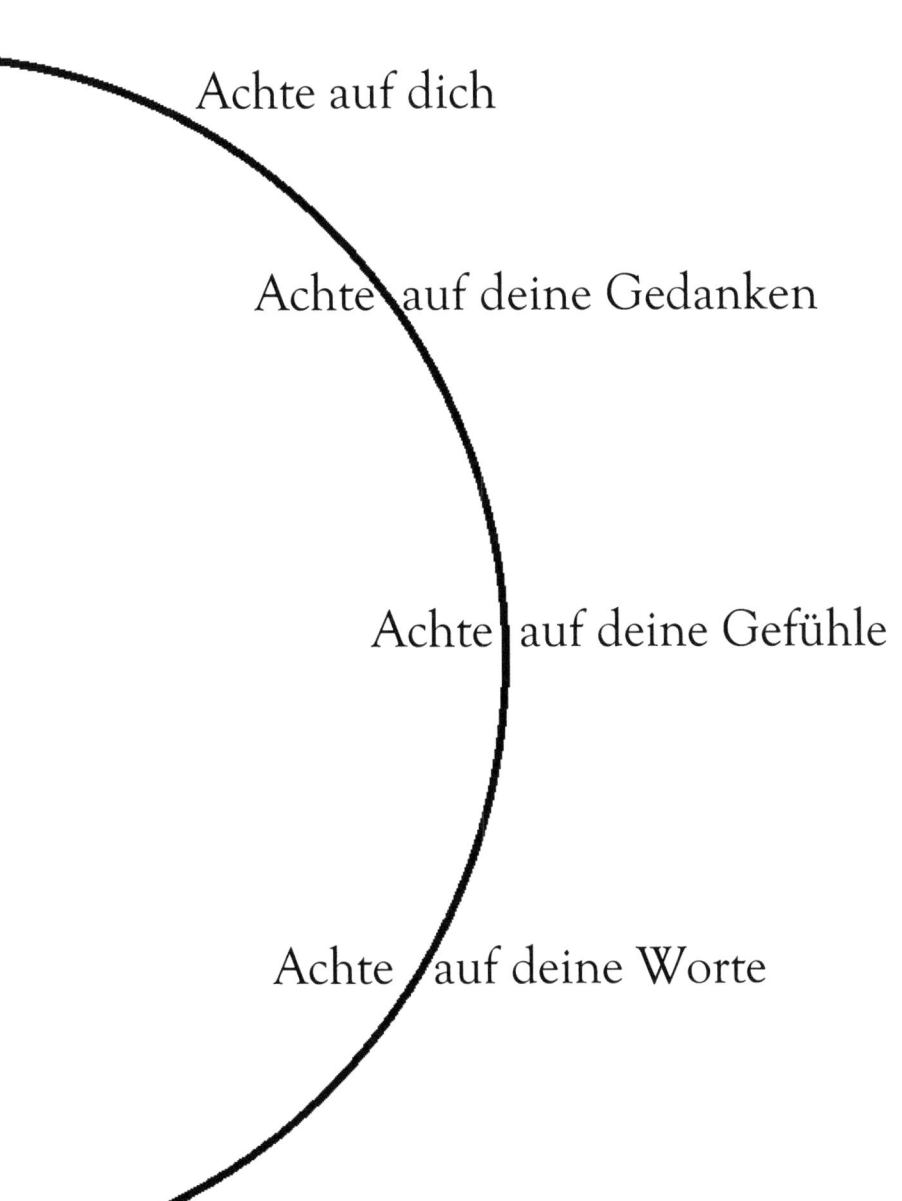

Achte auf dich

Achte auf deine Gedanken

Achte auf deine Gefühle

Achte auf deine Worte

Achte auf deine Taten

Vorbemerkungen

Ich verwende bei allen meinen Zehn Geboten den Ausdruck „achte". Dies meine ich im Sinne von „sei aufmerksam, was dort passiert", „beobachte", „beachte", aber auch im Sinne von „sorge und kümmere dich darum" bzw. „mach dir die Konsequenzen des Beachtens bzw. des Nichtbeachtens bewusst". Es ist dieser Ausdruck wesentlich weniger rigoros als der „du sollst" oder „du sollst nicht", vor allem aber vermeidet er die daraus resultierenden Konsequenzen. Ein „du sollst/darfst nicht" ist nur sinnvoll, wenn es für das Nichtbeachten Folgen, z.B. Strafen, gibt. Hier hat die Katholische Kirche ein geniales Instrument der Beherrschung von Menschen geschaffen, indem sie die Beichte eingeführt hat. Damit hat sie - als herrschende und beherrschende Macht - ihre beherrschten „Untertanen" dazu gebracht, „freiwillig" alle Übertretungen zu melden. Als „Belohnung" für die reuigen Sünder gab es dann, nach ein paar Vaterunser oder Rosenkränzen, die Absolution. Über die mehreren hunderttausend Pfarrer weltweit besitzt die Katholische Kirche damit vermutlich das weltweit personell best ausgestatte Informationsnetz. Durch das Beichtgeheimnis einerseits und den Gehorsam dem Papst gegenüber funktionierte dieses Spitzelwesen über Jahrhunderte perfekt. Im Zweifelsfall hat die Kirche dann sehr wohl verstanden, mit ihrem Wissen über „Untaten" Druck auf ihre Gläubigen auszuüben, wenn es für die Kirche von Nutzen war. Andererseits hat sie auch nie ein Problem gehabt mit Potentaten und Diktatoren, wenn diese nur schon brav katholisch waren, und womöglich gegen „ungläubige Kommunisten" gekämpft haben, wie der Besuch von Papst Johannes Paul II. bei Diktator Pinochet 1987 in Santiago de Chile schaurig demonstriert hat. Dieses „achte" ist ein Aufruf an das Gewissen nicht einfach aus Gewohnheit oder aus schlichter Nachahmung etwas zu tun.

Achte auf dich

Du wirst wahrscheinlich erstaunt sein, dass ich dieses Gebot bzw. diese Achtsamkeit an die erste und nicht an die letzte Stelle gestellt habe. Für mich war die Abfolge der Achtsamkeiten relativ schnell klar. Die Frage, welche die erste und welche die letzte sei, hat mich lange beschäftigt. Nach reiflicher Überlegung bin ich dann zum Schluss gekommen, dass das „achte auf dich" an den Anfang gestellt werden muss. Wie könntest du auf all die anderen Dinge achten, wenn du dich selbst und auf dich selbst nicht achtetest. Dies ist aber kein Freibrief für Egozentriker oder Narzissten, denn diese haben einen übersteigerten Fokus auf sich selbst und vernachlässigen die Achtung für alles andere, vor allem für ihre Mitmenschen.

Dieses „achte auf dich" klingt ähnlich wie das biblische „liebe deinen Nächsten wie dich selbst". Lieben und Achten sind zwar ähnlich aber doch auch unterschiedlich. Zur Liebe gehört als Gegenpol der Hass. Wahrscheinlich gibt es nur relativ wenige Menschen, die du wirklich liebst und noch weniger, die du wirklich hasst. Aber es gibt viele viele Menschen, die du weder liebst noch hasst. Die Aufforderung deinen Nächsten zu lieben wie dich selbst führt dann leicht zu einer utopischen Einstellung „wir haben uns doch alle so lieb, in unserer Welt gibt es keine Verbrechen!" Wenn aber die Selbstliebe eher bescheiden oder sogar überhaupt nicht ausgeprägt ist, dann ist die Liebe, die dem Nächsten zuteilwird auch nur sehr bescheiden.

Die Aussage „achte auf dich" sagt grundsätzlich einmal aus, dass du derjenige bist, der sich um dich selbst kümmern muss. Wieso sollten deine Mitmenschen dich achten, wenn du dich selbst nicht achtest? Achte auf deine Gesundheit, deine Ernährung, dein Familienleben und deinen Freundeskreis, deine Ausbildung und Berufslaufbahn, deine Weltanschauung oder Religion usw. usw. Dies bedeutet aber auch, dass du bei unangenehmen

Situationen nicht primär die „Schuld" dafür bei jemandem anderen suchst. Wobei es, meiner Erfahrung nach, kaum jemals um eine Schuldfrage geht, sondern richtigerweise um die Frage nach der Ursache. Du kennst sicherlich den Ausspruch: „Jeder ist seines Glückes Schmied!" Du bist aber nicht nur für dein Glück, sondern auch für dein Unglück, überhaupt für dein ganzes Leben verantwortlich.

Wenn du auf dich achtest, dann wirst du deine Entscheidungen hauptsächlich nach deinen Werthaltungen treffen und nicht nach den Wünschen der Anderen. Dann lässt du dich nicht mehr so stark von einem Gruppendruck oder von Werbung beeinflussen, sondern führst mehr und mehr ein selbstbestimmtes Leben. Damit wirst du ausgeglichener und zufriedener, außerdem wirst du bei unangenehmen Ereignissen nicht so leicht aus der Bahn geworfen.

Kannst du die Situation ändern, so ändere sie kraftvoll! Gibt es für dich überhaupt, oder im Moment, keine Möglichkeit sie zu ändern, so ertrage sie mit Geduld! Aggression, Wut und Ärger kosten nur viel Kraft, verschlimmern in vielen Fällen nur deine Situation, ohne dass etwas besser wird. Oft wirst du sogar blind für Verbesserungsmöglichkeiten, die sich im Laufe der Zeit bieten. „Ärgern" bedeutet, eine Situation, die bereits „arg" ist, noch „ärger" zu machen. Der Verursacher deines Ärgers bekommt meist nichts davon mit. Damit kommen wir aber auch schon zur nächsten Achtsamkeit.

Achte
auf deine
Gedanken

Bekanntlich sind Gedanken frei. Das stimmt zwar, doch haben Gedanken grundsätzlich zwei Tendenzen. Einerseits haben sie das Bestreben sich zu realisieren und andererseits ziehen sie andere Menschen an, die ähnliche Gedanken hegen. Überlege einmal, wie viele Gedanken, Ideen, Wünsche und Vorstellungen du im Laufe nur eines einzigen Tages von außen eingeimpft bekommst? Das sind nicht nur die vielen hundert Werbebotschaften von Industrie und Politik, sondern auch die vielen bewussten oder oft unbewussten Äußerungen und Kommentare von deinen Mitmenschen. Wenn dieses „Vordenken" der Anderen nicht zu einem (unbewussten) „Nachdenken" bei dir führen würde, wäre Werbung wirkungslos.

Wenn ein Gedanke, eine Idee oder eine Vorstellung oft genug wiederholt wird, dann nehmen wir sie automatisch als wahr an. Bei Kindern, wo das kritische Bewusstsein noch nicht oder nicht stark genug entwickelt ist, wirken natürlich solche Ideen noch viel schneller und effektiver. Jetzt wirst du wahrscheinlich auch verstehen, warum praktisch alle Religionsgemeinschaften die gedankliche Prägung – oder soll ich sagen Indoktrinierung? – in frühesten Kindestagen beginnen, denn dann hängen diese Menschen an einem unsichtbaren Gängelband. Was glaubst du, wie viele Menschen würden heute noch z.B. Mitglieder der katholischen Kirche werden, wenn diese erst als Erwachsene dem Glauben beitreten könnten, wie es vor 2000 Jahren üblich war?

Einer der Kernsätze des Journalismus lautet: „Only bad news are good news" (Nur schlechte Nachrichten sind gute Nachrichten). Gemeint ist damit, dass die Berichte von „Sex and Crime" wesentlich mehr Auflage, Hörer oder Seher und damit Werbeeinnahmen bringen als gute Nachrichten. Ich will ja nicht, dass du die Welt nur durch die rosarote Brille betrachtest, das wäre ebenso unrealistisch und auch nicht förderlich für dein Wohlbefinden. Überlege aber, wie viele von den „bad news" du wirklich aufnehmen musst, wie viele für deine Entscheidungen bzw. Lebensgestaltung wirklich absolut notwendig und unverzichtbar sind.

Versuche selbst zu entscheiden, welche und wie viele Gedanken, Ideen oder Werbebotschaften dir von außen vermittelt oder aufgedrängt werden dürfen. Was du aber auf alle Fälle selbst bestimmen kannst, sind all jene Gedanken, die du aus dir heraus denkst. Dazu gehört natürlich auch die Entscheidung, welche Bücher du liest, welche Filme du ansiehst, und mit welchen Menschen du über welches Thema sprichst. Beachte aber auch, dass Gedanken, ganz gleich ob von dir selbst gedacht, oder von außen an dich herangetragen, nicht nur „frei im Raum schweben", sondern auch auf einer anderen Ebene Reaktionen hervorrufen.

Gedankenimpulse – Ideen – sind der Ausgangspunkt jeglichen Handelns, nur reichen Gedanken alleine bekanntlich nicht aus, um irgendetwas auch nur einen Millimeter zu bewegen. Auch der vielgerühmte Wille bewegt in den meisten Fällen rein gar nichts, denn es handelt sich zumeist nur um eine Vorstellung, um ein Wunschdenken. Dieses ist vergleichbar mit einem Prospekt eines schönen Urlaubsdomizils. Du kannst dich zwar in diesen Ort „hineinträumen", um aber wirklich dorthin zu gelangen, musst du schon ein gerüttelt Maß an Energie aufbringen und eine wirklich feste Entschlossenheit etwas zu tun. In unserem Fall sind unsere Gefühle die Kraft und der Motor für die Umsetzung der Gedanken und das Erreichen von – idealerweise selbst gesetzten – Zielen. Damit sind wir bei der nächsten Achtsamkeit.

Achte auf deine Gefühle

Betrachten wir noch einmal die schlechten Nachrichten vom vorigen Kapitel, also z.B. Berichte von Verbrechen, steigenden Inzidenzzahlen oder überlasteten Corona-Intensivstationen, so erzeugen diese ja auch Gefühle in uns. Wir ängstigen/fürchten uns, wir werden wutig, oder fühlen uns ohnmächtig. Wenn die Gedanken, Ideen oder Vorstellungen sozusagen die Richtung vorgeben, so sind die Gefühle die Kraft, die uns in diese Richtung treibt, oder die Bremse, die uns lähmt. Mit Gefühlen meine ich nicht nur die „großen Gefühle", die uns bewusst werden, wie Zufriedenheit, Angst, Wut, Liebe, Einsamkeit, Hoffnung oder Hoffnungslosigkeit. Ich meine damit vor allem auch jene kleinen Gefühle oder Gefühlsschwankungen, die immer auftreten, wenn wir etwas erleben, tun oder denken. Wir empfinden Gefühle zumeist als eine Reaktion auf irgendeine Situation, also auf eine von uns nicht beeinflussbare Folge von Etwas. Gefühle gehören für die meisten von uns zum Bereich des Unbewussten.

Wenn ich dich nun auffordere „achte auf deine Gefühle", dann wirst du vielleicht antworten: „Wie soll ich das tun, wenn sie im unbewussten Bereich entstehen?" Es stimmt, du kannst kaum willentlich ein Gefühl entstehen lassen. Es gibt aber einen einfachen Zusammenhang. Je mehr du dich mit etwas beschäftigst, das dir Angst macht, desto stärker wird die Angst und steigert sich unter Umständen bis zur Panik, der du dann nicht mehr entkommen kannst. Dies gilt prinzipiell auch für alle anderen Gefühle. Das bedeutet aber nichts anderes, als dass du indirekt sehr wohl eine Möglichkeit hast, deine Gefühle zu steuern, ganz einfach dadurch, je nach dem, womit du dich beschäftigst. Gerade im Zuge der sogenannten Corona-Pandemie wurden von Regierungsseite sehr starke Ängste geschürt, die sich nach kurzer Zeit als weitestgehend unbegründet erwiesen haben. Trotzdem sind viele Menschen nach wie vor durch diese nicht wirklich fassbaren Ängste in ihrem Handeln beeinträchtigt.

Es gibt aber auch noch einen weiteren Aspekt, der interessant ist. Ich möchte dir dies anhand eines kleinen Gedankenexperimentes veranschaulichen. Stell dir vor, auf dem Tisch steht eine wunderschöne Schale voll mit sonnengereiften sizilianischen Orangen. Du nimmst eine davon, führst sie zu deiner Nase und atmest den herrlichen Duft dieser sonnengereiften Orangen ein. Du nimmst ein scharfes Messer und halbierst die Orange, du teilst eine Hälfte noch einmal und nimmst dann dieses Viertel in deine Hand. Du führst diese Orangenspalte langsam zu deinem Mund, du riechst jetzt noch intensiver als vorher den herrlichen Duft dieser sonnengereiften sizilianischen Orangen. Du öffnest deinen Mund und beißt herzhaft in die Orange und ihr süßsaurer Saft spritzt in deinen Mund. In Erwartung des kommenden Orangensaftes hat dein Körper, haben deine Speicheldrüsen bereits reagiert. Dabei gibt es keine Orange! Du hast sie dir ja nur vorgestellt. Das Erstaunliche dabei ist die Tatsache, dass es sogar für eine manifeste körperliche Reaktion fast vollkommen egal ist, ob die Orange wirklich da ist, oder ob du sie dir nur vorgestellt hast. Der Unterschied liegt meist nur in der Intensität. Oder anders ausgedrückt auch über die Vorstellung, die du bewusst mit deinen Gedanken steuern kannst, werden Gefühle erzeugt. Je öfter du dich damit beschäftigst, desto stärker werden deine Gefühle. Es liegt jetzt an dir, ob du Angst, Einsamkeit und Hoffnungslosigkeit „fütterst" und damit verstärkst, oder ob du Liebe, Zufriedenheit, Zuversicht und Hoffnung erzeugst.

Negative Gefühle schwächen deine Leistungsfähigkeit und dein Immunsystem, machen depressiv und krank. Positive Gefühle stärken deine Energie und deine Gesundheit. Deshalb achte auf deine Gefühle, denn sie modulieren deine Worte und sind der Motor für dein Tun und damit auch für dein ganzes Leben.

Achte
auf deine
Worte

Es kommt nicht nur darauf an, was du sagst, sondern auch, wie du es sagst. „Der Ton macht die Musik" heißt es im Volksmund. Wie oft ist schon ein einziges schnell (gedankenlos) dahingesagtes Wort Anlass für einen Streit, für eine Auseinandersetzung geworden! Wobei ich der Meinung bin, dass es keine gedankenlosen Worte gibt, sondern dass es sich dabei um Worte handelt, die nicht von bewussten Gedanken gesteuert bzw. formuliert wurden. Der automatische Bereich des Gehirns, das Unterbewusstsein, hat in Kombination mit der Gefühlswelt eine verbale Reaktion ausgelöst. Diese sind in vielen Fällen von Angst oder Aggression geprägt, und lösen somit oft eine entsprechende Reaktion aus. Das an sich friedlich begonnene Gespräch wird zum Streitgespräch und weiter zum Kampfgespräch. Hier geht es nicht mehr darum, wer Recht oder die besseren Argumente hat, sondern nur noch darum, den anderen zu besiegen! Ist so ein schnell gesagtes Wort einmal dem Mund entwichen, ist es meist nur sehr schwer und zeitraubend wieder zu einer normalen Gesprächsbasis zurückzufinden.

Während sich Gedanken und Gefühle weitestgehend nur in deinem Inneren abspielen und von anderen höchstens an deiner Körperhaltung oder dem Gesichtsausdruck wahrgenommen oder zumindest vermutet werden können, sind die Worte die direkte Kontaktaufnahme mit der Umwelt. Der Ausdruck „Worte" steht hier stellvertretend für die Gesamtheit der zwischenmenschlichen Kommunikation, also auch für Tonfall, Sprechgeschwindigkeit, Mimik, Gestik und Körpersprache.

Viele Missverständnisse entstehen alleine dadurch, dass der Andere gedanklich oft ganz wo anders ist als du. Wenn du sprechen anfängst, so sind für dich gleichzeitig auch alle Gedanken und Gefühle, Erinnerungen und Erlebnisse präsent, die mit dem, was du sagen willst, zusammenhängen. Der Andere hört aber nur die paar Sätze, die du effektiv sprichst. Daher ist es sinnvoll, wenn du deinem Gegenüber mit ein paar Worten oder Sätzen gedanklich in den Bereich hinführst, über den du jetzt mit ihm sprechen willst. Umgekehrt ist es sinnvoll nachzufragen, wenn dir etwas unklar erscheint.

Worte können einerseits begeistern, andererseits aber auch schnell jemanden verletzen, d.h. sie können beim Anderen teils auch sehr heftige Gefühle auslösen. Hierher gehört auch jener Bereich, den das biblische Gebot „*du sollst nicht falsch gegen deinen Nächsten aussagen*", christlich verkürzt zu „*du sollst nicht lügen*", regelt. Leider ist die absolute Verdammung der Unwahrheit zwar theoretisch sinnvoll und nachvollziehbar, in der Praxis aber nicht ganz unproblematisch. Dies soll jetzt nicht bedeuten, dass ich das Lügen favorisiere, aber in vielen Fällen sind kleinere oder größere Abweichungen von der „nackten Wahrheit" für das Zusammenleben nicht nur sinnvoll, sondern teilweise sogar gesellschaftlich direkt gefordert. Würden alle Menschen IMMER die Wahrheit und nichts als die reine Wahrheit sagen, dann hätten wir einen permanenten Krieg aller gegen alle und wahrscheinlich wäre die Menschheit darob bereits untergegangen.

Allerdings musste ich gerade im Zuge der Corona-Krise vermehrt feststellen, dass entgegen der im wissenschaftlichen Diskurs üblichen Abwägung unterschiedlicher Ansätze und Standpunkte in vielen Fällen von den Politikern postulierte „Wahrheiten" sogar mit Gesetzen, die auf fragwürdige Weise zustande gekommen sind, knallhart exekutiert werden. Dies ist üblicherweise ein untrügliches Zeichen für Diktaturen, wie wir sie aus der ehemaligen Sowjetunion oder China kennen, in Demokratien aber unmöglich sein sollten. Daher achte auf deine Worte.

Achte auf deine Taten

Jede Handlung, die du setzt, hat letztlich ihren Ausgangspunkt in einem Gedanken, wobei es völlig gleichgültig ist, ob du diesen bewusst willentlich gedacht hast, als unwillkürliche Reaktion auf eine Information, die du bekommen hast, oder als Folge von zielgerichteter Manipulation durch Werbung, Wirtschaft, Presse, Politik oder Religion. Nicht zu vergessen ist auch die diesbezügliche Beeinflussung durch die Familie, Freunde, Arbeitskollegen oder Nachbarn. Viele Gedanken leuchten nur wie eine Sternschnuppe kurz auf und verglühen danach auf Nimmerwiedersehen. Viele werden alleine schon durch den gedanklichen Vorspann „eigentlich sollte ich..." zum Scheitern verurteilt. Weitere, zumeist eingeflüsterte, Beeinträchtigungen (eigentlich: k.o.-Faktoren) sind: „wenn das so einfach wäre, dann würde es ja jeder machen!", „das schaffst du nie!", „du glaubst wohl, dass du klüger bist als alle anderen Menschen!", „ich hab das auch schon probiert und bin gescheitert – erspar dir diese Erfahrung!"

Obwohl wir generell der Meinung sind, dass wir den größten Teil unsere Handlungen bewusst und willentlich vollbringen, sieht die Realität ganz anders aus. Und das ist aber trotzdem gut so. Nämlich alle komplexeren wiederkehrenden Tätigkeiten wie z.B. das Autofahren, werden fast ausschließlich von unserem Unterbewusstsein gesteuert. Unser Bewusstsein und der willentliche Entschluss werden fast nur für die Entscheidung „wann" und „wohin" wir fahren wollen herangezogen. Oder in atypischen kritischen Situationen, für die es keine abgespeicherten Gewohnheiten oder Handlungsroutinen gibt. Dabei treffen wir oft bewusste Entscheidungen, die wirklich nicht optimal sind. Daher ist es u.a. sinnvoll, Fahrsicherheitstrainings zu machen, wo einem bewusst gemacht wird, wie in gewissen Gefahrensituationen richtig gehandelt wird und dies auch mehrmals eingeübt wird, damit es wiederum als Standartprogramm vom Unterbewusstsein abgespult werden kann.

Wir machen also sehr Vieles in genau dieser Art, weil wir es immer schon so gemacht haben, weil es alle so machen, oder weil wir keinen anderen Weg kennen. Oftmals beeinträchtigen oder verletzen wir mit unserem Handeln aber andere Menschen, ohne dass uns dies sofort bewusst ist. Dies führt häufig zur Kränkung der anderen Person und damit zu einer Störung der Beziehung. Manchmal wird eine solche auch bewusst in Kauf genommen, in der Hoffnung, dass der andere davon nichts erfährt. Ich will hier nur das Stichwort Seitensprung erwähnen.

Abgesehen von Situationen, wo wir einem Befehl oder einer Dienstanweisung unterstehen, können wir völlig frei entscheiden, was wir tun, wie wir es tun, und ob wir es überhaupt tun. Leider nützen wir diese Freiheit viel zu selten.

Mit deinen Taten zeigst du die Beziehungen zu deinen Mitmenschen, veränderst und gestaltest du deine Umwelt. Dabei bist du aber etwas weniger frei als mit deinen Gedanken, denn es gibt einerseits gesellschaftliche Konventionen und Traditionen und andererseits Vorschriften und Gesetze. Diese sind zwar manchmal nicht nachvollziehbar und auch nicht einsichtig. Es gibt jedoch im Allgemeinen nur zwei Wege: Den einfachen, sich daran zu halten, und den allerdings eher mühsamen und langwierigen Weg, zu versuchen, solche Vorschriften, Verordnungen und Gesetze zu ändern.

Dies sind die fünf Achtsamkeiten für die wir ganz alleine verantwortlich sind, und die wir ganz aus uns heraus steuern können. Die nächsten Achtsamkeiten betreffen unser Sein in der Welt und die Interaktion mit ihr.

Achte das Eigentum

Dieses Gebot ist viel umfassender als die beiden biblischen *„du sollst nicht stehlen"* und *„du sollst nicht nach dem Haus deines Nächsten verlangen. Du sollst nicht nach der Frau deines Nächsten verlangen, nach seinem Sklaven oder seiner Sklavin, seinem Rind oder seinem Esel oder nach irgend etwas, das deinem Nächsten gehört".* Denn es gibt viele Situationen, wo zwar nichts gestohlen wird, aber trotzdem das Eigentum anderer, aber auch das eigene, nicht genügend geachtet wird.

Sei es durch fahrlässige oder mutwillige Beschädigung oder sei es einfach durch Vernachlässigung und mangelnde Obsorge, Pflege und Verwendung. Wie oft werden Dinge einfach weggeworfen, nur weil sie nicht mehr so schön sind wie beim Kauf, weil sie nicht mehr so perfekt funktionieren, weil die Ladung des Akkus nicht mehr so lange hält, oder einfach weil es bereits ein neues „besseres" Modell gibt?

Ich will dich keineswegs davon abhalten, z.B. ein neues Handy zu kaufen, wann immer es dich danach drängt. Aber überlege dir, bevor du es anschaffst, ob dies wirklich ein achtsamer Umgang mit den Ressourcen ist, bzw. ob sich dein subjektiv größerer Nutzen wirklich lohnt. Und wenn ja, dann überlege vielleicht, ob es für dein altes Handy nicht ein zweites Leben geben kann, bevor du es schlichtweg entsorgst. Es stimmt, wir leben heute in einer sogenannten Wegwerfgesellschaft. Aufgrund der immer effizienteren industriellen Produktion ist es in vielen Fällen kostengünstiger ein neues Stück zu kaufen, als das alte zu reparieren. Allerdings werden viele Produkte auch schon mit einer Sollbruchstelle erzeugt, sodass sie nach einer gewissen Zeit kaputt gehen, damit der permanente Ersatzbedarf und damit die andauernde Produktion gesichert ist. Es gibt aber auch hier in vielen Fällen eine achtsame Alternative. Gleichartige Produkte von höherer Qualität, die zugegebenermaßen auch teurer sind, haben eine wesentlich längere Lebensdauer. Rechnet man den Preis auf die Lebenszeit des Produktes um, sind diese zumeist sogar wesentlich günstiger als die sogenannten Billigprodukte. Zusätzlich dazu hast du ein hochwertiges Produkt, und brauchst dich nicht immer wieder über den Verschleiß oder den Ausfall, meist im völlig ungeeigneten Moment, ärgern. Es gibt dazu ein passendes englischen Sprichwort: „I'm not rich enough to buy cheap things" – „Ich bin nicht reich genug, um billige Dinge zu kaufen".

Mit Eigentum meine ich aber nicht nur dasjenige, was üblicherweise als Immobilien- oder als sonstiger Besitz, wie Auto, Handy, Laptop, Möbel, Kleider und ähnliches, bezeichnet wird, sondern auch das geistige Eigentum einzelner Menschen, sowie die kulturellen, religiösen und traditionellen Errungenschaften und Eigenarten von kleineren oder größeren Gemeinschaften. Gerade bei diesem geistigen oder kulturellen Eigentum fällt vielen Menschen die Achtung schwer, vor allem, wenn sie den eigenen Anschauungen oder Ansichten widersprechen. Hierbei ist es aber besonders wichtig, dass diese Achtung eine gegenseitige ist. Es kann und darf nicht sein, dass Toleranz mit Intoleranz beantwortet wird. Es gibt weder Eigentumsrechte an der Wahrheit noch können Aussagen per Gesetzesbeschluss oder auf dem Verordnungsweg zu Wahrheiten gemacht werden! Auch gibt es meines Erachtens keine absolut wahre Religion oder Ideologie! Alle Weltanschauungen, die jene Menschen, die nicht mit ihr übereinstimmen, als ungläubig, minderwertig oder töricht betrachten, haben in einer toleranten offenen Gesellschaft nichts verloren. Sie stiften nur Unfrieden und spalten diese. Damit haben wir auch gleich den Übergang zur siebten Achtsamkeit: „Achte die Gemeinschaft".

Achte
die
Gemeinschaft

Es ist doch wirklich interessant, dass es keine zwei Zebras mit dem gleichen Streifenmuster gibt, dass es keine zwei Menschen mit den gleichen Fingerabdrücken und den gleichen Irisfarben in den Augen gibt. Vereinfacht ausgedrückt sind alle Menschen unterschiedlich, und das ist auch gut so. Sosehr wir Menschen uns auch unterscheiden, sosehr gibt es aber auch Gemeinsamkeiten der Abstammung, der Sprache, der Kultur, der Religion, der Ausbildung, der Interessen usw. Daher gibt und gab es schon immer Gemeinschaften unterschiedlicher Größe und mit unterschiedlicher Zielsetzung, die das Leben und das Überleben jedes ihrer Mitglieder erleichtert oder sogar erst ermöglicht hat. Die wohl kleinste Gemeinschaft ist die der Ehe oder Partnerschaft, dann die mit den Kindern bzw. mit den Eltern, die der Großfamilie, der Sippe, des Stammes, der Dorfgemeinschaft etc.

Das „achte die Gemeinschaft" ist viel umfassender als die viel zitierte biblische Nächstenliebe, die ja nicht einmal in den Zehn Geboten enthalten ist. Sie greift aber auch wesentlich weiter als das „Ehre deinen Vater und deine Mutter". Als Mitglied einer Gemeinschaft musst du dich an gewisse Regeln halten, damit das Zusammenleben gedeihlich ist. Allerdings kannst du auch zur Veränderung eben dieser bisherigen Regeln beitragen oder in den meisten Fällen auch eine Gemeinschaft verlassen, wenn du dich nicht mehr als ein Teil von ihr betrachtest. Natürlich kann es vorkommen, dass die Regeln oder Gewohnheiten zweier Gemeinschaften, denen du angehörst, differieren oder einander sogar widersprechen. Dann musst du eine Lösung suchen, und sei es, dass du dich von einer Gemeinschaft loslöst.

Das Achten der Gemeinschaft betrifft nicht nur jene Gemeinschaft, denen du selbst angehörst, sondern auch alle anderen. Daher schließt es das biblische „du sollst nicht die Ehe brechen" ebenso mit ein, wie auch „du sollst nicht nach der Frau deines

Nächsten verlangen, nach seinem Sklaven oder seiner Sklavin, seinem Rind oder seinem Esel oder nach irgendetwas, das deinem Nächsten gehört". Wobei für mich die Haltung von Sklaven und Sklavinnen jeglicher Menschenwürde Hohn spricht. Leider ist dies nicht nur Gedankengut des Alten Testamens, wo sogar die Israeliten von Jahwe als seine Sklaven bezeichnet werden, sondern auch des Neuen Testaments, denn sogar Paulus spricht lobend über die Sklaverei!

(Lev 25,42) Denn sie sind meine Knechte [„ebed' = Sklave]; ich habe sie aus Ägypten herausgeführt ...

(1 Kor 7,21) Wenn du als Sklave berufen wurdest, soll dich das nicht bedrücken; auch wenn du frei werden kannst, lebe lieber als Sklave weiter.

Auch hat die Kirche in all den Jahrhunderten nie ein Problem gehabt mit Sklaverei und Leibeigenschaft, sofern die Herrscher brav christlich waren. Außerdem hat sie sehr viel dazu beigetragen, dass das Wissen hinter den Klostermauern verborgen blieb und das Volk durch Unwissenheit geistig versklavt war und blieb. Wenn es auch die Sklaverei offiziell heute nicht mehr gibt, so sind viele Menschen, die für Großkonzerne arbeiten, in einer derart wirtschaftlichen Abhängigkeit mit teils existenzbedrohend niedrigen Löhnen, dass es einem Sklavendasein gleicht.-Dieses „achte die Gemeinschaft" ist ein Appell an jeden einzelnen, darauf zu achten, dass das sehr sensible Zusammenleben in den Gemeinschaften nicht gestört wird. Es ist ein gegenseitiges Geben und Nehmen. Dieses Gleichgewicht muss erhalten bleiben, denn sonst dominiert entweder die Gemeinschaft zu sehr deren Mitglieder, oder es überwiegen die Einzelinteressen. In beiden Fällen wird sie zerstört und zerbricht. Du kannst nicht die ganze Welt retten, aber mit der Achtsamkeit in deinen Gemeinschaften kannst du viel dazu beitragen.

Achte
das
Leben

Die achte Achtsamkeit „achte das Leben" geht weit über die siebte „achte die Gemeinschaft" hinaus, schließt diese aber auch in gewisser Weise mit ein. Geht es beim siebten Gebot um das achtsame Zusammenleben der Menschen und den achtsamen Umgang mit ihnen, so betrifft das achte Gebot alles was lebt.

„*Du sollst nicht töten*", oder wie es teilweise übersetzt wird mit „*du sollst nicht morden*", stellt nur einen kleinen Aspekt der Achtung des Lebens dar. Wenn man das Alte Testament aufmerksam liest, so muss man leider erkennen, dass gerade dieses Gebot am häufigsten oft sogar im Auftrag von Jahwe ignoriert wird. Insgesamt berichtet das AT von nicht weniger als 99 Kriegen, kriegerischen Handlungen oder Kämpfen. In den meisten Fällen auch mit einem gewissen Stolz, waren doch die Israeliten in den meisten Fällen siegreich.

Achtung vor dem Leben ist für mich viel mehr, und lässt sich nicht nur auf die Frage von Leben oder Tod reduzieren. Abgesehen von den reinen Stoffen Erde, Felsen, Wasser und Luft sind wir praktisch immer und überall von Leben umgeben. Manchmal auch intensiver als es uns lieb ist, ganz besonders wenn es um Schimmelpilze, Bakterien, Viren oder sogenanntes Ungeziefer oder Parasiten geht. Wenn wir diese nicht bekämpfen (töten), dann wird unser eigenes Leben sehr mühevoll oder endet unter Umständen vorzeitig. Da muss es schon eine Abwägung geben. Aber auch hierbei kann man schnell aus Übereifer weit übers Ziel hinaus schießen und in gutem Glauben die „Schädlinge" vernichten, gleichzeitig aber auch eine Unzahl von Nützlingen töten oder den Platz für andere nicht minder gefährliche Kleinstlebewesen frei machen. Bei einem gesunden Menschen ist das Immunsystem in der Lage fast alle schädlichen Keime selbsttätig zu bekämpfen und abzutöten. In sehr vielen Fällen treten nicht einmal Krankheitssymptome auf, oftmals ist auch keine Medizin notwendig und schon gar keine sogenannte „Schutzimpfung". Die aktuelle Liste der Impfschäden und Impftoten ist wahrscheinlich länger als die der propagierten Erfolge.

Das Leben achten fängt im Zusammenleben in der Familie und Gemeinschaft an und endet bei der Achtung jeglichen Lebens auf der Erde. Ich will weder die vegetarische noch die vegane Ernährung preisen, noch will ich deren Verfechter brüskieren. Für mich kommt es viel mehr auf die Umstände und die Einstellungen zum Töten von Tieren zum Essen an. Hier kann sowohl bei der Aufzucht als auch bei der Schlachtung mit viel oder wenig Achtung umgegangen werden. Schon in der ach so friedlichen und schönen Natur herrscht in weiten Teilen ein völlig gnadenloses Fressen und gefressen werden. Und dieses ist in den meisten Fällen ein sich selbst regelnder Mechanismus. Dieser wurde nur leider durch den Mensch – aus Futterneid – durchbrochen, indem man z.B. den Wolf ausgerottet hat. Die daraus resultierende Zunahme von Rotwild muss nun durch Jäger wieder reguliert werden, damit jenes nicht die Ernten vernichtet. Achte das Leben heißt aber auch, niemanden zu quälen, zu verletzen, zu unterdrücken oder zu mobben.

Achte das Leben bedeutet aber auch „achte das ungeborene Leben"! Ich verstehe, dass eine ungewollte Schwangerschaft nach einer Vergewaltigung ein enormes (psychisches) Problem darstellt, und eine Abwägung des Lebens der Mutter und ihrer Angehörigen gegen das Leben des Ungeborenen ausfällt. Ich verstehe es jedoch kaum, dass bei den heutigen Möglichkeiten der Empfängnisverhütung noch immer so viele Schwangerschaftsabbrüche in durchaus intakten Beziehungen oftmals nur wegen des „falschen" Geschlechts des ungeborenen Kindes durchgeführt werden. Hier fehlt aus meiner Sicht ganz extrem die entsprechende Achtung vor dem Leben.

Achte die Umwelt

Die neunte Achtsamkeit „achte die Umwelt" geht weit über die achte „achte das Leben" hinaus, schließt diese aber auch in gewisser Weise wieder mit ein. Geht es beim achten Gebot um den achtsamen Umgang mit jeglichen Lebewesen, so betrifft das neunte Gebot einfach alles und jedes, was uns umgibt, ganz egal ob belebt oder unbelebt.

Es schließt viele Themen mit ein, die von verschiedenen Gruppierungen oft sehr plakativ und mit teils weltweitem Aktionismus aufgezeigt werden. So berechtigt etliche Forderungen, zumindest auf den ersten Blick, sind, so problematisch stellen sie sich oft bei genauerer Betrachtung dar. Es stimmt sicherlich, dass Elektroautos im Betrieb wesentlich weniger bzw. keine Abgase produzieren – es wird ja auch kein Benzin oder Diesel verbrannt. Aber wieviel klimaschädliche Gase und umweltschädliche Prozesse bei der Herstellung der E-Autos und speziell der Akkus anfallen, übersteigt teils bei weitem die der verteufelten Autos mit Verbrennungsmotor. Nicht zu vernachlässigen ist auch die menschenunwürdige Kinderarbeit z.B. bei der Kobaltgewinnung. Letztlich stellt sich auch die Frage: Woher soll der viele Strom für die Autos kommen? Es ist doch ein nicht zu überbietender Hohn, wenn die Politik vorschlägt, dass jeder zu Hause einen mit Diesel betriebenen Stromgenerator dafür haben sollte.

Die vorhandenen Kraftwerke sind ohnehin schon an ihrer Leistungsgrenze und kurzfristige Black-outs an der Tagesordnung. Mehr Strom aus Kohlekraftwerken erhöht wiederum den Feinstaub- und CO_2-Ausstoß. Mehr Strom aus Kernkraftwerken heißt mehr Atommüll, der auf tausende Jahre sicher zu verwahren ist. Außerdem will die Politik beide demnächst komplett abschalten. Elektroautos mit Strom aus Erdöl oder Erdgas zu betreiben ist nicht sinnvoll, da der Wirkungsgrad viel geringer ist, als wenn man das Erdöl direkt im Auto verbrennen würde. Andererseits ist es doch erstaunlich, warum das angeblich so schädliche (eigentlich aber völlig ungiftige) CO_2 in den industriellen Gewächshäusern künstlich auf etwa den dreifachen Wert erhöht wird, damit die Pflanzen schneller wachsen? Die Lösung ist ganz einfach: Zucker und Stärke sind Kohlehydrate, die, wie schon der Name sagt, aus Kohlendioxid, also CO_2, und Wasser gebildet werden. Beim Verbrennen oder Verdauen werden sie wieder in diese beiden Substanzen aufgespalten – der Kreislauf ist geschlossen. Die heute favorisierten Windkraftwerke produzieren viel zu unregelmäßig Strom, erzeugen starken Lärm und haben einen massiven Einfluss auf die Umwelt. Um diesen Strom speichern zu können, müssten viele Speicherkraftwerke möglichst hoch in den Bergen gebaut werden. Diese und viele lange Überlandleitungen mit einem großen Leitungsverlust müssten um teures Geld errichtet werden, da die Gegenden, wo der Strom produziert, wo er gespeichert, und wo er verbraucht wird, in voneinander weit entfernten Gebieten liegen.

Solaranlagen auf jedem geeigneten Hausdach könnten dezentral und von lokalen oder überregionalen Black-outs unabhängig Strom produzieren. Wenn du im Homeoffice arbeiten, und dich in Videokonferenzen mit anderen treffen und besprechen kannst, statt mit Flugzeugen oder Autos quer durchs Land oder die ganze Welt reisen zu müssen, wird mehr für die Umwelt getan als bei noch so vielen Friday-for-Future Protestkundgebungen. Weniger Zeit im Auto und mehr Freizeit verbessern außerdem auch die Work-Life-Balance und das Wohlbefinden. Obst, Gemüse, Getreide und Fleisch von heimischen Bauern und Produkte von örtlichen Gewerbe- und Industriebetrieben, statt Importwaren von Großkonzernen, stärken nebenbei auch noch die heimische Wirtschaft.

Dies sind nur ein paar Gedanken zum Thema „Achte die Umwelt". Wir alle haben die Möglichkeit jeden Tag bei einzelnen auch kleinen Entscheidungen bewusst etwas für die Umwelt und damit für ein besseres Leben für uns und alle Menschen zu tun.

Achte
das
Universum

Das zehnte Gebot – die zehnte Achtsamkeit – ist einerseits das umfassendste von allen, andererseits aber auch das am wenigsten konkrete. Mit dem Begriff Universum meine ich nicht nur das physische Weltall mit all seinen Milliarden von Galaxien und Sternen, sondern ganz besonders auch alle Kräfte, die in ihm wirken, ganz gleich, ob wir sie bereits kennen oder nicht, ob wir sie messen und berechnen können oder nicht, ob wir daran glauben oder nicht. Es umschließt für mich auch den gesamten Bereich des Ätherischen, des Seelischen und des Geistigen insoweit es über das persönlich Individuelle hinausgeht.

Ich verstehe sehr gut, wenn jetzt sehr Diesseits betonte, rationale, aber auch materialistisch eingestellte Menschen oder vor allem Wissenschaftler mit den letzten Aussagen ein Problem haben, da sie diese einfach nicht verstehen bzw. kein Sensorium dafür haben. Andererseits gibt es ebenso viele Menschen, wenn nicht sogar wesentlich mehr, die weder die starke noch die schwache Wechselwirkung, und auch nicht die Relativitätstheorie verstehen. Sie kennen zwar die Wirkung von Elektrizität, Magnetismus und Gravitation, können aber ebenso wenig deren physikalische Grundlagen erklären. Was aber bei ihnen zu finden ist, ist irgendeine Form von Glauben, nicht unbedingt im Sinne einer theologisch begründeten Religion, sondern einfach eine Ahnung, eine Vermutung oder ein Gefühl dafür, dass es „mehr Dinge zwischen Himmel und Erde gibt, als wir mit unserem Verstand erkennen können" (Laotse). Oder wie Hamlet es zu Horatio sagt: „Es gibt mehr Dinge im Himmel und Erden, als eure Schulweisheit (orig.: philosophy) sich träumen lässt."

Auch viele Wissenschaftler haben solche Ahnungen oder auch schon Erlebnisse gehabt, getrauen sich oft nur nicht dies öffentlich kundzutun, da sie der Meinung sind, dass ihre wissenschaftliche Reputation darunter leiden würde.

Es ist eigentlich egal, ob es sich hierbei um einen einzigen, un-umschränkt herrschenden, oder doch nur für die eigenen Gläu-bigen zuständigen Gott handelt, oder um eine Dreiheit an Göt-tern, einen voll besetzten Olymp mit zwölf Hauptgöttern, Ne-bengöttern, Halbgöttern, Titanen, Grazien oder Musen. Es ist ebenso gleichgültig, ob es sich um Gnome, Elfen, Nymphen, Faune, Albe, Dämonen, Sylphen, Waldgeister, Trolle, Nisser oder Zwerge handelt. Auch Engel, Erzengel, Cherubim und Se-raphim, sowie Teufel, Satan und Luzifer gehören in diese Rubrik. Manche glauben an sie, manche rufen sie zur Hilfe oder beten sie an, andere wiederum sehen sie als Verursacher von Missgeschicken und Krankheiten. Für viele sind diese Wesen, ganz gleich, ob man sie beweisen kann oder nicht, einfach Teil ihres Lebens und auch eine Stütze.

Was oder an wen auch immer du glaubst, versuche diese Kräfte und Wesen des Universums zu achten. Genauso, wie du dich nicht den physikalischen Gesetzen, z.B. der Schwerkraft, entzie-hen kannst, genauso wenig kannst du dich den seelisch-geistigen Wesen und Gesetzen entziehen, so es sie gibt. Das Wort Univer-sum ist zusammengesetzt aus dem lateinischen „unum – einem" und „versus – gewendet". Wenn einer (z.B. du) dich einmal um deine eigene Achse drehst, dann hast du deine ganze Umwelt, dein Universum erfasst, auch wenn du nicht alles bis in die letz-te Unendlichkeit gesehen hast. Versuche einfach im Einklang mit allem, was um dich herum ist, also mit DEINEM Univer-sum in Frieden und Einklang zu leben.

Ausblick

Gerade in turbulenten Zeiten, wie in der aktuellen, ist es wichtig, dass wir uns nicht ziellos treiben lassen. Sonst werden wir ein leichtes Opfer von Mächten, die nicht das Beste *für* uns, sondern das Beste *von* uns wollen, nämlich unsere Freiheit, unsere Souveränität und unser Geld. Daher ist es notwendig, dass wir selbständig denken und selbstbewusst handeln. Die vorliegenden neuen Zehn Gebote – Zehn Achtsamkeiten – sind dafür ein einfacher Leitfaden, um eine möglichst große Selbstbestimmung und gleichzeitig eine möglichst geringe Beeinflussung unserer Mitmenschen und Umwelt zu erreichen.

Glück ist weder eine Folge von harter Arbeit noch von Reichtum. Glück ist eine Art Gleichgewichtszustand von angestrebten und erreichten Zielen, von Arbeitseinsatz und Freizeit, von Zeit für dich und Zeit für andere, aber auch von frei verfügbarem Geld und offenen materiellen Wünschen. Leider hat die aggressive Werbung der Wirtschaft dazu geführt, dass viele Menschen nach folgendem Motto im Hamsterrad leben: „Sie kaufen mit Geld, das sie nicht haben, Dinge, die sie nicht brauchen, um andere Menschen zu beeindrucken, die sie nicht mögen!" Übrigens, die Laufbahn in vielen Berufen ähnelt ebenfalls mehr einem Hamsterrad: du hast das Gefühl, es geht die Karriereleiter immer weiter hinauf, tatsächlich strampelst du nur auf der Stelle, und der Chef und die Eigentümer freuen sich über deine tolle Leistung. Und wenn du es dann nicht mehr schaffst, dann „darfst" du mit deinem Burnout oder Herzinfarkt aus dem Hamsterrad aussteigen, und der Nächste bekommt eine Chance. Krankheit kann und darf nie ein adäquater Preis für das Erreichen irgendeines beruflichen, finanziellen oder materiellen Zieles sein. Zu wertvoll und einmalig ist deine Gesundheit. Auch wenn die moderne Medizin in vielen Fällen wahre Wunder bewirken kann, so ist das Erhalten der natürlichen Gesundheit immer noch wesentlich sinnvoller als ihre Wiederherstellung.

Nach Schicksalsschlägen oder nach größeren Veränderungen, wie sie die Corona Krise hervorgerufen hat, stellt sich für viele Menschen wieder einmal die Frage nach dem Sinn des Lebens. Aus meiner Sicht gibt es den einen und einzigen Sinn, den endgültigen Zweck des Lebens, nicht. Würde es diesen geben, so würde das Leben nach Erreichen dieses Ziels absolut sinnlos werden. Für mich stellt es sich so dar, dass es während all der Jahre deines Lebens nicht nur jeweils einen Sinn gibt, sondern dass auch der jeweilige Haupt-Sinn sich ändern kann. Ist der Sinn des Lebens eines Kleinkindes, verkürzt gesagt, darin begründet, laufen und reden zu lernen, so ist er während der Schulzeit zu lernen und soziale Kontakte zu knüpfen. Danach ist der Sinn des Lebens hauptsächlich einmal einen Job zu bekommen, einen Lebenspartner zu finden, eine Wohnung zu mieten oder kaufen bzw. ein Haus zu bauen und eventuell Kinder groß zu ziehen. Jeweils wenn eines dieser Ziele erreicht ist, muss es zu einer Neuorientierung kommen, sonst besteht die Gefahr in der persönlichen Entwicklung irgendwie stecken zu bleiben. Gerade das Ausziehen der Kinder oder heute weit öfters des einzigen Kindes wird für viele Mütter zur großen Sinnfrage. Vor allem dann, wenn sie (wie früher noch viel häufiger) nicht berufstätig und nur zu Hause sind. Plötzlich, manchmal sogar von einem Tag auf den anderen, ist der Sinn des Lebens der letzten gut zwanzig Jahre nicht mehr da, sie fallen in ein tiefes Loch und werden unter Umständen echt depressiv. Ähnlich verhält es sich bei vielen (vornehmlich Männern) mit dem Pensionsschock.

Nicht nur in dieser Situation ist es wichtig, dass jeder sich selbst einen (Haupt-)Sinn und mehrere Neben-Sinne gibt. Diese neuen Sinne bzw. Ziele müssen in vielen Fällen nicht nützlich und ertragreich aus wirtschaftlicher Sicht sein. Wenn die wirtschaftlich finanzielle Basis gegeben ist, dann ist es sicherlich an der Zeit sich wieder seinen oft verborgenen oder vergessenen Talenten und Interessen zu widmen. Ich kenne einen Fall, da hat die Lehrerin für Kunsterziehung damals diesem Mädchen immer wieder erklärt, sie könne nicht malen, sie sei ein künstlerisches Antitalent, nur weil sie nicht so gemalt hat, wie es sich die Lehrerin vorgestellt hatte. Die Jahre und Jahrzehnte vergingen, ohne dass sie jemals wieder einen Pinsel in die Hand genommen hat. Warum hätte sie es auch tun sollen? Allerdings betätigte sie sich mit vielen anderen künstlerischen Techniken und brachte echt tolle Ergebnisse hervor. Als ihre Kinder schon lange außer Haus waren und die Berufstätigkeit beendet war, wünschte sich ihr Ehemann zu seinem 70. Geburtstag ein von ihr gemaltes Bild, weil er der festen Überzeugung war, dass sie mit ihrer künstlerischen Ader durchaus auch in der Lage sein müsste zu malen. Das Ergebnis ihres ersten Malversuches war einfach umwerfend. Seither malte sie viele Bilder mit Acryl und Öl. Malen ist jetzt nicht *der* Sinn ihres Lebens, allerdings hat es ihrem Leben einen zusätzlichen Sinn, Freude und Abwechslung gebracht.

Schon vor über zweitausend Jahren fasste der römische Dichter Horaz seine Lebensweisheit in zwei Worten zusammen: „carpe diem" – üblicherweise mit „nutze den Tag" übersetzt. Auch wenn das Nutzen der deutschen bzw. christlich-westlichen Lebensweise mehr entspricht, so gibt es doch einen nicht unwesentlichen Unterschied zur ursprünglichen Bedeutung „pflücke den Tag". Sie ist eine Metapher, und soll das Pflücken und Sammeln reifer Früchte oder Blumen ausdrücken, also ohne Anstrengung den Augenblick zu genießen, wie er z.B. im sinnlichen Erleben der Natur vorhanden ist. Eigentlich ist dies ein paradiesischer Zustand, wo man nicht im Schweiße seines Angesichts den Boden bearbeiten muss, sondern mit dem glücklich und zufrieden ist, was einem die Natur bietet. Menschen, die aus der Tretmühle aussteigen, werden oft eher abfällig als Lebens-Künstler bezeichnet. Dabei ist das doch ein echtes Kompliment, wenn jemand die Kunst zu leben versteht, und kein Versager bzw. „Lebens-Stümper" ist. Leider werden wir in der Schule nur mit viel – teilweise sehr fragwürdigem – Wissen vollgestopft, die Kunst zu leben, glücklich und zufrieden zu sein, wird allerdings nicht gelehrt.

Schon im 18. Jahrhundert findet sich im Rechtskodex von Bhutan, einem kleinen Königreich im Himalaya, eine Aussage, die eigentlich für alle Staaten dieser Erde gelten sollte: „Wenn die Regierung kein Glück für ihr Volk schaffen kann, dann gibt es keinen Grund für die Existenz dieser Regierung." Die Faktoren für nationales Glück in Bhutan sind: soziale Gerechtigkeit, kulturelle Freiheit, juridische Gleichberechtigung und ökologische Nachhaltigkeit, aber nicht Reichtum und Wohlstand. Die ersten drei erinnern sehr an den Schlachtruf der französischen Revolution mit Freiheit, Gleichheit, Brüderlichkeit. Leider sind diese Werte im Westen oft verdreht worden und die Freiheit im Handeln gilt nur für globale Konzerne und ihre Steuer-Freiheit. Die Gleichheit gilt vor allem für die breite Masse, was ihr weitgehend gleich niedriges Einkommen und ihr geringes Vermögen betrifft. Die Brüderlichkeit wird vorwiegend nur in den verschiedenen Lobbykreisen, den Bruderschaften und den politischen Parteien zum eigenen Nutzen und zu Lasten des Volkes praktiziert. Wir können von diesen nicht erwarten, dass sie aus freien Stücken ihre Privilegien abgeben. Aber jeder von uns kann in seinem Bereich dazu beitragen, dass die Welt friedlicher wird, dass wir alle ein wenig glücklicher und zufriedener werden.

DU bist der Mittelpunkt deines Universums, auf DICH kommt es an, sei DU Ausgangspunkt zur Veränderung zum Besseren:

Carpe diem – genieße den Tag!

Publikationen der Geschichtswissenschaftlichen Gesellschaft Wien

Erhard Zauner

New Ten Commandments – Ten Mindfulnesses – for the Time of and after Covid-19

A draft for new, generally applicable commandments that can serve as an ethical guideline for all people regardless of their religion or belief

Kritische Betrachtungen

Erhard Zauner

Band 1 (2. erw. Aufl.)
Jahwes Pannenserie von der Schöpfung
bis zur Sintflut und Jahwes Bündnispolitik

Band 2 (2. erw. Aufl.)
Mose, die ägyptischen Plagen und der Exodus

Band 3 (2. erw. Aufl.)
Die Zehn Gebote und Jahwes kuriose Gesetze

Band 4 (2. erw. Aufl.)
Blutrituale, Sklaverei und Verbrechen im AT

Band 5 (2. erw. Aufl.)
Jahwes Persönlichkeit und die Götter des AT

Band 6
Die Probleme mit der Exodus Erzählung
und der biblischen Chronologie

Band 7
Der biblische Stammbaum und seine Probleme

Band 8
Unstimmigkeiten im Stammbaum
von Jakob bis David

Band 9
Außerbiblischen Quellen zum Exodus

Band 10
Die Unmöglichkeit des biblischen Auszugs
und der mehrfache Auszug aus Ägypten

Diese Reihe wird fortgesetzt

Erhard Zauner

DIE UNHEILIGE SCHRIFT

Die Kriminalgeschichte von Jahwe und seinem auserwählten Volk – oder –
Was wirklich in der Bibel steht: Von der Schöpfung bis zum Auszug aus Ägypten

Wer glaubt, dass die Bibel eine „Heilige Schrift" sei, die das barmherzige Wirken des lieben, guten Gottes schildert, der von Anbeginn an durch alle Zeiten für alle Menschen da ist, der hat sie nicht gelesen. Das Gegenteil ist wahr. In dieser „UN-heiligen Schrift" finden wir alle verabscheuungswürdigen Verbrechen wie Krieg, Mord, Menschenopfer, Lüge, Betrug, Ehebruch, Polygamie, Inzucht, Frauenfeindlichkeit, Genitalverstümmelung, Menschenhandel, Sklaverei, Rassismus, Fremdenhass, Götzenanbetung, Rache, Raub und vielfachen Völkermord. Begangen werden all diese Verbrechen von Jahwe selbst, von seinem auserwählten Volk oder den Säulenheiligen des Alten Testaments, zumeist sogar noch von Jahwe selbst dazu angestiftet. Obwohl diese zigmal Jahwes Gebote und Gesetze brechen, werden sie dafür nicht bestraft, während einfache Menschen oft wegen kleinster Vergehen von Jahwe selbst getötet werden. Jahwes Auftreten, sein Verhalten und sein Charakter sind so unterschiedlich, dass man davon ausgehen muss, dass der Jahwe der Schöpfung und des Paradieses, der Jahwe der Sintflut, der Jahwe der Patriarchenzeit und der Jahwe der Ägyptischen Plagen und des Auszuges nie und nimmer ein und dieselbe Person (oder Gott) gewesen sein können. Wussten Sie,

- dass es zwei gänzlich unterschiedliche Versionen der Schöpfung gibt?
- dass die verfluchte Schlange später von den Israeliten verehrt und ihr geopfert wurde?
- dass Jahwe in der Bibel achtzehn mal einen Bund schließt und keinen einzigen hält?
- dass Abraham seine Schwester heiratet und sie mit zwei weiteren Männern vermählt?
- dass Jakob mit zwei Schwestern und zwei weiteren Frauen gleichzeitig verheiratet ist?
- dass Mose einen Mord begangen hat, bevor er zum Religionsgründer wird?
- dass Jahwe Mose zum Gott für den Pharao macht?
- dass Jahwe Hörner wie ein Wildstier hat?
- dass Jahwe sich selbst nicht als Gott aller Menschen, sondern nur der Israeliten betrachtet?
- dass Jahwe sich jahrhundertlang nicht einmal um sein auserwähltes Volk gekümmert hat?
- dass Jahwe millionenfache Genitalverstümmelung verlangt, und Jesus dies gutheißt?

Erhard Zauner

EXODUS

Der mehrfache Auszug der Juden aus Ägypten nach
biblischen, außerbiblischen und ägyptischen Quellen

Erhard Zauner

EXODUS

Der mehrfache Auszug der Juden
aus Ägypten nach biblischen,
außerbiblischen und ägyptischen
Quellen

Aufgrund eines völlig neuen Ansatzes gelingt es dem Autor die biblische Geschichte von Abraham bis David in ein komplett neues Licht zu rücken. Der lückenlose Stammbaum aller Nachkommen von Jakob bis König David zeigt, dass sich das gesamte Geschehen, das in der Bibel, je nach Zählung, zwischen 400 und 1000 Jahre dauert, effektiv innerhalb von nur 10 Generationen oder etwa 200 Jahren abspielt. Erst mit der um 300 Jahre verkürzten ägyptischen Chronologie wird die biblische Geschichte nachvollziehbar. Unter Berücksichtigung von außerbiblischen Berichten vom Exodus können Parallelen in der ägyptischen Geschichte und Literatur gefunden werden.

Die biblische Geschichte ist ein Patchwork von verschiedenen Erzählungen, die am Gerüst des fiktiven Stammbaumes von Abraham befestigt wurden. Trennt man diese, so können viele Stellen des AT der ägyptischen Geschichte zugeordnet werden, allerdings in einer komplett anderen Reihenfolge. Das führt zur Erkenntnis, dass es mehrere Auszüge verschiedener Gruppen zu verschiedenen Zeiten unter unterschiedlichen Bedingungen gegeben hat. Der erste Exodus findet am Ende der 6. Dynastie, der nächste am Ende der 12. Dynastie anlässlich der Katastrophe durch den Ausbruch des Vulkans Thera statt. Diese Katastrophe findet sich in den ägyptischen Plagen wieder.

Weitere Auszüge gibt es während der 18. Dynastie bei der Vertreibung der Hyksos, unter Amenophis III. (David) und bei Tutanchamun. Unter dem goldenen Pharao kommt es zu einer antiken Verschwörung und nach der Auffindung seines Grabes zu einer zweiten, neuzeitlichen Verschwörung…

Dieses Buch ist die Neuauflage von: »Die Tutanchamun-Moses Verschwörung«

Erhard Zauner

Autonomes und lebenslanges Lernen: ein modernes, 2000 Jahre altes, Prinzip

Jüdische Erziehung und Unterricht in der Zeit um Christi Geburt unter besonderer Berücksichtigung der essenischen Schriftfunde vom Toten Meer

Erhard Zauner

Autonomes und lebenslanges Lernen: ein modernes, 2000 Jahre altes, Prinzip

✿
✿ ✿

Jüdische
Erziehung und Unterricht
in der Zeit um
Christi Geburt
unter besonderer
Berücksichtigung der
essenischen Schriftfunde
v. Toten
Meer
✿

Dieses Buch ist eine fächerübergreifende Arbeit, die vom Urchristentum, besser gesagt vom Übergang vom Judentum zum Christentum und von der wissenschaftlichen Pädagogik handelt. Was auf den ersten Blick vielleicht als nur von historischem Interesse scheint, stellt sich bei genauerer Betrachtung in zweifacher Weise als aktuell heraus:

1. Aufgrund der Rollenfunde vom Toten Meer haben wir Einblicke in das jüdische Leben in der Zeit um Christi Geburt erhalten, die 2000 Jahre unverändert erhalten geblieben sind und daher keinerlei Zensur oder „Verschlimmbesserung" unterworfen waren.

2. Die beiden pädagogischen Grundprinzipien der Juden schlechthin, nämlich die Anleitung zum selbständigen Lernen und das lebenslange Lernen werden heute in der pädagogischen Literatur oft gefordert, aber noch viel zu selten und wenig effizient umgesetzt, haben jedoch im Judentum einen mindestens zweitausendjährigen erfolgreichen Praxistest hinter sich.

Hier könnte viel in kurzer Zeit bewegt werden, würde man die bewährte Methode übernehmen. Dabei gäbe es allerdings ein Problem: Diese beiden Grundwerte werden den jüdischen Kindern von ihren Müttern bereits mit der Muttermilch verabreicht. Man müsste also zuerst die Eltern erziehen.*

* Vgl.: J. W. Goethe: Zahme Xenien IV. 1113-1114: „Man könnt' erzogene Kinder gebären, wenn die Eltern erzogen wären."

Hans Gruber, Leo Munt, John Seberg, Rüdiger Seten und Yvonne Wayne

Der Maya-Kalender 3114 v.Chr.–2100 n.Chr.

Haab - Tzolkin - Long Count für jeden einzelnen Tag

Das Interesse für den Maya-Kalender ist im Laufe der letzten Jahre und Jahrzehnte immer mehr gestiegen. Und zwar nicht nur in Fach- sondern vor allem auch in breiten Publikumskreisen.

Bisher gab es für den Maya-Kalender nur verhältnismäßig teure Ausgaben von einzelnen Jahrgängen, aber keine wirklich umfassen-de Darstellung der drei nebeneinander gültigen Kalendersysteme der Maya für jeden einzelnen Tag, nämlich den Tzolkin- und den Haab-Kalender und den Long Count.

Mit dieser Buchreihe wollen wir diese Lücke füllen und eine preiswerte Gesamtausgabe des Maya-Kalenders von seinem Beginn im Jahre 3114 v. Chr. bis zum Ende dieses Jahrhunderts vorlegen.

Jeder Band umfasst 100 Jahre auf jeweils drei Doppelseiten, der Band mit dem Beginn des Kalenders umfasst 114 Jahre. Bis zur gregorianischen Kalenderreform am 4./15. Oktober 1582 ist die Basis der julianische Kalender, danach der gregorianische.

Neben den „Jahrhundertkalendern" gibt es noch Sonderausgaben für die Jahre 2001–2020, 2021–2030 und 2021–2050.

Wir haben zu fünft an diesem Werk gearbeitet, wobei für jeden Band letztendlich ein Teammitglied verantwortlich ist, daher haben wir uns entschieden, jeweils nur diesen als Autor beim jeweiligen Band anzuführen.

Das Team besteht aus Hans Gruber, Leo Munt, John Seberg, Rüdiger Seten und Yvonne Wayne, wobei jeder seine speziellen Kenntnisse und Fähigkeiten in das Projekt eingebracht hat, damit es gelingen konnte. Wir hoffen, dass Ihnen dieses Werk bei Ihren chronologischen Studien behilflich ist!

Sonderausgaben:

John Seberg

Der Maya-Kalender 2021–2030 n.Chr.

Haab - Tzolkin - Long Count für jeden einzelnen Tag

John Seberg

Der Maya-Kalender 2021–2050 n.Chr.

Haab - Tzolkin - Long Count für jeden einzelnen Tag

Studien zur Philosophie von Karl Popper 1

Erhard Zauner

Die offene tolerante Bildungsgesellschaft und ihre Feinde

Poppers Gesellschaftskritik
mit Blick auf das Bildungssystem

Dieses Buch erscheint demnächst!

Erhard Zauner

Eine kritische Betrachtung der Theorien von Karl Raimund Popper

Die Weiterentwicklung des
»kritischen« zum »toleranten« Rationalismus und
der »offenen« zur »offenen toleranten« Gesellschaft

Dieses Buch erscheint demnächst!

Studien zur Philosophie von Karl Popper 3

Erhard Zauner

Die offene tolerante Gesellschaft mit humankapitalistischer Marktwirtschaft

Entwurf einer neuen gerechteren Wirtschafts-
und Gesellschaftsordnung basierend auf
Volks-Souveränität, individueller Freiheit
und minimaler staatlicher Intervention

Dieses Buch erscheint demnächst!

Erhard Zauner

Die Templer, Baphomet, das Turiner Grabtuch und der Heilige Gral

Eine neue Sicht auf 2000 Jahre Geschichte

Dieses Buch erscheint demnächst!

Erhard Zauner

Die Jesus Sensation

Die Entschlüsselung des essenischen Sonnenkalenders
von Qumran und der Chronologie der Evangelien

Die Lösung des größten Rätsels der Menschheit

Erhard Zauner

Die Jesus Sensation

Die Entschlüsselung des essenischen
Sonnenkalenders von Qumran
und der Chronologie der Evangelien

Die Lösung des größten Rätsels der Menschheit

Nach fünfzigjähriger Beschäftigung ist es dem Autor erstmals gelungen, mit Hilfe von Angaben aus den Schriftrollen vom Toten Meer, des Talmuds und des Neuen Testaments, eine eindeutige Zuordnung des essenischen Sonnenkalenders von Qumran zum julianischen Kalender zu erstellen und zu beweisen.

Johannes der Täufer und Jesus haben demnach die Feste nach diesem Qumran-Kalender gefeiert. Ebenso wurden ihre Zeugungs-, Geburts-, Kreuzigungs- bzw. Sterbedaten danach tradiert. Mit nur ganz wenigen Adaptierungen lassen sich praktisch alle chronologischen Angaben der Evangelien und der außerbiblischen Schriften in diesem Sonnenkalender in eine sinnvolle stimmige Abfolge bringen. Das Ergebnis wird allerdings für manche sehr überraschend sein, da sich vieles damals eben nicht so abgespielt hat, wie es in liebevoller Tradition verbreitet wird. Außerdem wurde der offizielle Tempelkult zumindest bis kurz vor die Zeitenwende auch nach dem Qumrankalender zelebriert.

Johannes und Jesus stehen voll und ganz in der jüdischen Tradition und haben nie und nimmer jene neue Religion begründet, die als Christentum weltweite Verbreitung gefunden hat. Diese Verfälschung der urchristlichen Lehre von Johannes und Jesus geht primär auf Paulus, dann auf die Diener des römischen Kaiserhofes und in der Folge auf die Katholische Kirche, den Vatikan und die machtbesessenen Päpste zurück.

Dieses Buch erscheint demnächst!